ulmer

Annina Pargfrieder

BROT KUNST

Brote, Focaccia und Brioche einschneiden, bemalen und kunstvoll dekorieren

INHALT

HALLO

Ich bin Annina und ich backe schon seit meiner Kindheit unheimlich gerne. Die längste Zeit habe ich jedoch nur Süßes gebacken, da Brotbacken mir etwas mystisch, langwierig und viel zu kompliziert zu sein schien. Als ich dann mein erstes Brot gebacken hatte, habe ich gemerkt, dass Brotbacken auch einfach sein kann.

In meinem Alltag finde ich einfach nicht genug Zeit für komplizierte Rezepte, lange Garzeiten, „temperamentvolle" Teige und aufwendige Vorarbeiten wie wiederholtes Teigfalten. Deshalb habe ich meine Brotrezepte so entwickelt, dass sie in mein Leben passen – sie gehen schnell und sind unkompliziert und geling-sicher.

Zufällig bin ich online auf „Brot-Scoring" gestoßen und wusste sofort, dass ich nicht nur gute, sondern besonders auch schöne Brote backen möchte. Brot-Scoring nennt man eine bestimmte Technik, Brotteig mit einem Messer zu verzieren, bevor er gebacken wird. Ich habe angefangen damit zu experimentieren und auch Brotschablonen zu verwenden und Brote zu formen.

Als ich die Idee bekam, meine Brote mit Blüten zu dekorieren, habe ich viel ausprobiert, um die Technik zu perfektionieren. Mit dem Rezept habe ich dann den Austrian Food Blog Award 2020 gewonnen. Seitdem backe und dekoriere ich meine Brote immer wieder neu und esse und verschenke sie liebend gerne.

Meine Leidenschaft gebe ich sehr gerne weiter – z. B. in Kursen, in denen ich Brotbacken und besonders auch das Brotdekorieren unterrichte.

Für mich ist wichtig, dass das Brotdekorieren Spaß macht. Der Brotlaib ist eine Leinwand und die Möglichkeiten sind fast endlos. Jedes Brot sieht anders aus, denn nicht nur die gewollte Dekoration, sondern auch der Ofentrieb des Teiges bestimmen, wie der Laib aufgeht, und somit das Endergebnis. Auch wenn man noch so sehr versucht, die Schnitte ganz exakt zu setzen, manchmal reißt die Kruste einfach unkontrolliert auf. Dann sollte man das Brot aufessen – und es einfach noch einmal versuchen.

Dekorierte Brote eignen sich als wunderschönes Geschenk. Wer freut sich nicht über ein frisches, selbstgebackenes Brot mit knuspriger Kruste und fluffiger Krume, aber ein dekoriertes Brot ist dann doch etwas ganz Besonderes.

Schöne Brote machen glücklich, probiere es einfach aus!

Deine Annina

DIE BASICS

BROTBACKEN UND BROTREZEPTE

Bevor wir zum Brotverzieren kommen, stelle ich ein paar Brotteige und -rezepte vor, die sich perfekt für die verschiedenen Techniken eignen – die Basics sozusagen –, sowie ein paar Wege, den Teig zu backen. Außerdem zeige ich in diesem Kapitel, welche Utensilien man braucht und welche sich darüber hinaus als nützlich erweisen können.

Ich persönlich mag sowohl Hefe- als auch Sauerteig, aber alle meine Brotrezepte haben eines gemeinsam: Sie sind einfach und unkompliziert. Ich habe gelernt, dass es beim Brotbacken verschiedene Möglichkeiten gibt, wie man zu einem guten Brot kommt. Wichtig ist, am Backen Spaß zu haben, seinen Teig kennenzulernen und dass das Brot am Ende einfach großartig schmeckt.

HEFETEIG

Hefe ist ein starkes und verlässliches Triebmittel. Mit „verlässlich" meine ich, dass die Triebkraft stets annähernd gleich ist. Hefe lässt einen Teig schnell aufgehen und mit ihr gelingt wunderbar lockeres und leichtes Gebäck. Man bekommt sie direkt im Supermarkt. Noch dazu sind Hefeteige in wenigen Schritten zubereitet, da kein Vorteig nötig ist.

Es kann sowohl frische als auch trockene Hefe verwendet werden. Die Umrechnung erfolgt über das Gewicht: **3 g frische Hefe entspricht 1 g Trockenhefe.**

Frische Hefe ist nicht lange haltbar: Sie verliert schnell an Triebkraft, und wenn sie zu schimmeln beginnt, kann sie nicht mehr verbacken werden. Auch Trockenhefe verliert über die Zeit an Triebkraft und ist oft schon vor dem Ablaufdatum nicht mehr wirklich triebkräftig. Generell kann Trockenhefe im Teig etwas länger brauchen, um ihre Triebkraft zu entfalten – da ist etwas Geduld gefragt.

Viele Bäcker bevorzugen Brote mit einer ganz geringen Hefemenge. Diese sind bekömmlicher und haben weniger den typischen Hefegeschmack. Für Brote mit einer geringen Menge an Hefe muss man für den Teig eine längere Gehzeit einplanen, um zum selben Ergebnis zu kommen wie mit mehr Hefe.

Wer gerne früh morgens ein frisch gebackenes Brot genießen möchte, kann den Teig auch am Abend zuvor mit kaltem Wasser anrühren und dann über Nacht im Kühlschrank gehen lassen. In der Früh muss man den Teig noch kurz bei Zimmertemperatur stehen lassen und dann verarbeiten und backen.

Normalerweise wird zuerst lauwarmes Wasser in die Schüssel gegeben und darin die Hefe aufgelöst. Mit „lauwarm" ist gemeint: ungefähr 36 Grad. Denn solange es sich an der Hand warm und nicht heiß anfühlt, ist es auch für die Hefebakterien nicht zu heiß. Ansonsten würden sie abgetötet – daher sollte man im Zweifel lieber etwas kühleres Wasser nehmen.

Danach kommen das Mehl, die Gewürze und Salz in die Schüssel auf das Hefewasser. Kämen die Hefebakterien schon davor direkt mit Salz in Kontakt, könnten sie absterben und das Brot würde dann nicht aufgehen. Daher sollte das Salz oben auf das Mehl aufgestreut werden. Nach dem Mixen des Teiges ist die Salzkonzentration so gering, dass sie den Hefebakterien nicht mehr schaden kann.

Hefeteige bestehen immer zu einem Hauptteil aus Weizen- oder Dinkelmehl, daher sollten sie gut geknetet werden, bis sie elastisch sind. Bei diesen Mehlen entsteht durch das Kneten Gluten und das gibt den Broten die nötige Elastizität und die charakteristische Krume.

■ *Hefeteigrezepte findest du auf den Seiten 20-29.*

1/3 CUP

SAUERTEIG

Sauerteigbrot ist nicht nur richtig gut im Geschmack aufgrund der typischen Sauerteignote, es hat noch dazu eine saftigere Krume, hält sich länger, wird härter, aber nicht bröselig trocken und es ist bekömmlicher als Hefeteigbrot.

Um es zu backen, benötigt man ein Sauerteig-Anstellgut, auch Sauerteig-Ansatz genannt: Roggenmehl gemischt mit Wasser, in dem sich wilde Naturhefebakterien aus der Luft angesiedelt haben und vermehren. Man bekommt es von anderen Sauerteigbrotbäckern, in der Bäckerei nebenan, bei der Sauerteigbörse online oder im online Fachhandel. Wer sein Anstellgut dann regelmäßig füttert (d. h.: etwas Anstellgut mit weiterem Wasser und Roggenmehl zu gleichen Teilen vermischt), erhält einen richtig triebfähigen Sauerteig. Das Anstellgut wird in einem Glas im Kühlschrank aufbewahrt. Ideal eignet sich ein schmales, durchsichtiges Glas mit einem Schraubdeckel – so sieht man gut, wie der Sauerteig ansteigt und wieder absinkt.

6–12 Stunden vor dem Backen wird der Sauerteig-Vorteig angesetzt: Das Anstellgut wird mit gleichen Mengen Wasser und Roggenmehl gemischt und über Nacht bei Zimmertemperatur stehen gelassen. Die Menge, die dem hinzugegebenen Wasser und Roggenmehl entspricht, wird dann zum Backen weiterverwendet, der Rest ist das neue Anstellgut, das nun wieder ins Glas gegeben und in den Kühlschrank gestellt wird.

Wer längere Zeit nicht backt, muss das Anstellgut mit einer 1:5:5-Mischung füttern und wieder in den Kühlschrank stellen. Das heißt: 1 Teil Sauerteig-Anstellgut (z. B. 5 g) zu 5 Teilen Wasser (25 g) zu 5 Teilen Roggenmehl (25 g).

Für den Sauerteig wird zuerst lauwarmes Wasser in die Schüssel geschüttet und dann werden vorsichtig ein paar Löffel vom Vorteig dazugegeben. Aufgrund der eingeschlossenen CO_2-Bläschen sollte der Vorteig an der Wasseroberfläche schwimmen („Schwimmprobe"). Schwimmt er nicht, dann ist zu wenig CO_2 eingeschlossen und er ist nicht triebstark genug. In diesem Fall muss er noch etwas länger reifen.

Auch für Sauerteig sollte das verwendete Wasser angenehm lauwarm sein, da zu heißes Wasser die Bakterien im Sauerteig abtötet und mit kaltem Wasser die Bakterien langsamer arbeiten und der Teig länger gehen muss.

War die Schwimmprobe erfolgreich, wird der restliche Vorteig in Wasser gegeben und es werden das Mehl, die Gewürze und zum Schluss das Salz darauf gestreut.

Besonders Sauerteige mit einem hohen Anteil an Roggenmehl sollten nur kurz auf niedriger Stufe geknetet werden. Sie sind fertig, wenn sie gut durchmischt sind. Roggen enthält nicht genügend Gluten und wird daher beim weiteren Kneten nicht elastisch, sondern cremig. Es besteht daher das Risiko, dass Roggenteig übermixt, also zu weich wird.

■ *Sauerteigrezepte findest du auf den Seiten 30-33.*

UTENSILIEN ZUM TEIGHERSTELLEN

Um mit dem Brotbacken zu beginnen, benötigt man nicht viele neue Utensilien. Das meiste hat man bereits in der Küche. Essenziell sind eine Rührschüssel, eine Waage und ein Geschirrtuch.

Mit einem **Standmixer** kann man mit wenig Aufwand einen Hefeteig kneten, für Roggenteige verwendet man am besten einen **Teigrührer**, um den Teig nicht zu überkneten, oder alternativ schlicht einen **Kochlöffel** und Muskelkraft.

Sehr hilfreich ist auch eine **Teigkarte**, um den Teig aus der Schüssel zu nehmen, abzustechen, weiche Roggenteige in den ersten Schritten zu falten, geformte Laibe hin und her zu heben, die Schüssel und Finger von Teigresten zu reinigen und die Teigreste von der Arbeitsfläche zu schaben.

Zum Bemehlen der Arbeitsfläche und besonders zum gleichmäßigen Bemehlen des Brotlaibes vor dem Backen eignet sich am besten ein **Mehlsieb**, ein **Puderzuckerstreuer** oder ein kleines, engmaschiges **Sieb**.

Auch ein **Mehlpinsel** kann Sinn machen, denn beim Backen kann er in vielfältiger Weise eingesetzt werden: z. B., um das überschüssige Mehl wegzupinseln, Gebäck mit Wasser, Butter oder Öl zu bestreichen und bei Brotschablonen vorsichtig das Mehl von den Schablonen abzustreichen, ohne dabei das Muster zu zerstören.

1/4

MIT DAMPF BACKEN

Brot und Gebäck wird mit Dampf gebacken, damit der Teig richtig schön aufgeht und die Kruste knusprig wird. Beim Bedampfen in den ersten 10–15 Minuten der Backzeit legt sich ein dünner Flüssigkeitsfilm auf die Teighaut und hält sie elastisch. Dadurch kann der Brotlaib stark aufgehen, ohne dass eine verhärtete Kruste die Ausdehnung hemmt. Durch die Flüssigkeit auf der Teighaut wird die Kruste nur langsam hart und am Ende richtig schön brechend knusprig.

Die einfachste Methode der Bedampfung bietet eine **Ofenform mit Wasser**: Die Ofenform wird beim Aufheizen des Backofens mit erhitzt. Wenn das Brot in den Ofen geschoben wird, sollte in die heiße Ofenform 2–3 cm hoch kaltes Wasser gegossen werden. So entsteht extra viel Dampf. Wenn noch mehr Dampf benötigt wird, können Eiswürfel in die heiße Ofenform gegeben werden oder man sprüht mit einer Sprühflasche zusätzlich zum Wasser in der Form weiteres Wasser in den Backofen. Sind die 10–15 Minuten um, wird die Ofenform entfernt und der Dampf abgelassen.

Wer sein Brot im **gusseisernen Topf**, **Römertopf** oder **Emailletopf** backt, benötigt keine separate Flüssigkeit zum Bedampfen. Der Topf inkl. Deckel muss im Ofen gut mit aufgeheizt werden, dann wird das Brot die ersten 10–15 Minuten im Topf mit Deckel gebacken. Im Topf zirkuliert die Flüssigkeit, die aus dem Brot austritt, und bedampft somit den Teig. Nach dem ersten starken Aufgehen – dem Ofentrieb – sollte der Deckel abgenommen werden, damit sich die Kruste verhärten kann. Diese Methode bringt oft die eindrucksvollsten Ergebnisse und den besten Ofentrieb.

Um Blütenbrote zu backen, benötigt man auf jeden Fall einen Topf zum Backen, da sonst die Blüten verbrennen. Hier wird das Brot fast die gesamte Backzeit mit Deckel gebacken; der zirkulierende Dampf bewirkt, dass die Blüten nicht verbrennen. Erst für die letzten 10 Minuten der Backzeit wird der Deckel abgenommen, damit die Kruste noch nachdunkeln kann.

Bei Umluft wird die Kruste noch knuspriger als mit Ober-/Unterhitze.

TIPP

Die Backzeiten können je nach Herd variieren. Backe und gare stets in der Ofenmitte. Beachte dazu auch die Bedienungsanleitung deines Backofens.

BROTE FORMEN

Runder Laib

1

2

1. Den Teig zu einem Rund geformt hinlegen, den Rand des Teiges leicht hochziehen, nach innen falten und andrücken.
2. Den Rand ringsherum immer wieder hochziehen und nach innen falten.

3. Am Ende die Falten zusammendrücken.

4. Den Laib umdrehen und mit den Händen rund formen.

BROTE FORMEN

Ovaler Laib

1. Den Teig in eine rechteckige Form ziehen.
2. Die Seiten des Teiges etwas einfalten.

3. Den Teig einrollen und die Falten zusammendrücken.

4. Den Laib umdrehen und mit den Händen oval formen.

TIPP

Weizenteig lässt sich auch super zu kleinen Gebäcken formen – dann die Backzeit verkürzen und aus dem Ofen nehmen, wenn der Teig golden-knusprig ist.

WEIZENBROT

Dieses fluffige Weizenbrot ist innen weich und außen knusprig und durch das Joghurt im Teig bleibt es länger saftig.

100 g warmes Wasser
100 g warme Milch
10 g Zucker
10 g frische Hefe (oder 4 g Trockenhefe)
150 g Naturjoghurt
400 g Weizenmehl Type 550
100 g Weizenvollkornmehl
10 g Salz

1. Das warme Wasser mit der warmen Milch und dem Zucker mischen und die Hefe darin auflösen.

2. Das Joghurt hinzufügen, die Mehle und das Salz darüberstreuen, alles verrühren und den Teig dann 8–10 Minuten kneten, bis er elastisch wird und sich vom Schüsselrand löst.

3. Die Schüssel mit einem trockenen Tuch abdecken und den Teig darin ca. 45 Minuten bei Zimmertemperatur gehen lassen. Das Volumen des Teiges sollte sich fast verdoppeln.

4. Den Backofen auf 230 Grad Umluft vorheizen. Eine Ofenform zum Dampfen oder einen Brottopf mit aufheizen.

5. Den Teig zu einem Brotlaib formen und dekorieren.

6. Den Brotlaib in den Topf geben und den Deckel schließen oder 2–3 cm Wasser in die vorgeheizte Form schütten und schnell das Backblech mit dem Brot in den Ofen schieben.

7. Bei 230 Grad Heißluft für 35–40 Minuten backen; nach den ersten 15 Minuten den Deckel bzw. die Form mit Wasser entfernen.

KAROTTENBROT

Dieses saftige Mischbrot hält aufgrund der geriebenen Karotten lange frisch und die Kruste ist einfach phänomenal.

300 g warmer Karottensaft
10 g frische Hefe (oder 4 g Trockenhefe)
150 g geriebene Karotten (oder z. B. Zucchini, Kürbis)
250 g Dinkelmehl Type 630
125 g Roggenvollkornmehl
125 g Dinkelvollkornmehl
10 g Salz
5 g Kümmelsamen
5 g Fenchelsamen

1. Die Hefe im warmen Karottensaft auflösen und die geriebenen Karotten einrühren.

2. Die Mehle, das Salz und die Samen darüberstreuen, alles verrühren und den Teig dann 8–10 Minuten kneten, bis er elastisch wird und sich vom Schüsselrand löst.

3. Die Schüssel mit einem trockenen Tuch abdecken und den Teig darin 45 Minuten bei Zimmertemperatur gehen lassen. Das Volumen des Teiges sollte sich fast verdoppeln.

4. Den Backofen auf 230 Grad Umluft vorheizen. Eine Ofenform zum Dampfen oder einen Brottopf mit aufheizen.

5. Den Teig zu einem Brotlaib formen und dekorieren.

6. Den Brotlaib in den Topf geben und den Deckel schließen oder 2–3 cm Wasser in die vorgeheizte Form schütten und schnell das Backblech mit dem Brot in den Ofen schieben.

7. Bei 230 Grad Heißluft für 35–40 Minuten backen; nach den ersten 15 Minuten den Deckel bzw. die Form mit Wasser entfernen.

TIPP

Je feiner die Karotten gerieben werden, desto ebener und schöner wird die dekorierte Kruste.

TIPP

Für ein gelbes Brot kann der Saft mit Wasser ersetzt und 5 g gemahlener Kurkuma zum Teig gegeben werden.

ROTE-BEETE-BROT

Das Rote-Beete-Brot überzeugt nicht nur durch seine beeindruckende rote Farbe, sondern auch durch seinen fruchtigen Geschmack.

350 g warmer Rote-Beete-Saft
5 g frische Hefe (oder 2 g Trockenhefe)
200 g Dinkelmehl Type 630
150 g Weizenmehl Type 550
150 g Roggenmehl Type 997 oder 1150
10 g Salz
5 g Kümmel

1. Die Hefe in den warmen Rote-Beete-Saft bröseln und darin auflösen.

2. Die Mehle, den Kümmel und das Salz darüberstreuen, alles verrühren und den Teig dann 8–10 Minuten kneten, bis er elastisch wird und sich etwas vom Schüsselrand löst.

3. Die Schüssel mit einem trockenen Tuch abdecken und den Teig darin 45 Minuten bei Zimmertemperatur gehen lassen. Das Volumen des Teiges sollte sich fast verdoppeln.

4. Den Backofen auf 230 Grad Heißluft vorheizen. Eine Ofenform zum Dampfen oder einen Brottopf mit aufheizen.

5. Den Teig zu einem Brotlaib formen und dekorieren.

6. Den Brotlaib in den Topf geben und den Deckel schließen oder 2–3 cm Wasser in die vorgeheizte Form schütten und schnell das Backblech mit dem Brot in den Ofen schieben.

7. Bei 230 Grad Umluft für 40–45 Minuten backen; nach den ersten 15 Minuten den Deckel bzw. die Form mit Wasser entfernen.

FOCACCIA

Die luftige Focaccia eignet sich ideal als Zuspeise zu Suppen und Salaten und ist dekoriert mit Gemüse, Kräutern und Samen auch ein echter Hingucker.

425 g warmes Wasser
10 g frische Hefe (oder 4 g Trockenhefe)
500 g Weizenmehl Type 550
10 g Salz
Olivenöl zum Verarbeiten

1. Die Hefe im warmen Wasser auflösen.
2. Das Mehl und das Salz darüberstreuen und alles mit einem Teigrührer oder Kochlöffel zu einem sehr weichen Teig verrühren.
3. 2 EL Olivenöl in eine zweite Schüssel geben, den Teig hineinlegen und rundherum mit Olivenöl einstreichen.
4. Die Schüssel mit einer Frischhaltefolie abdecken und den Teig darin 90–120 Minuten bei Zimmertemperatur gehen lassen.
5. Für eine hohe Focaccia ein kleines Backblech bzw. eine Backform oder für eine dünnere Focaccia zwei Backbleche bzw. Backformen mit Backpapier auslegen und das Backpapier einölen. Den stark aufgegangenen Teig im Ganzen oder aufgeteilt daraufgeben und in Form ziehen.
6. Den Brotlaib unbedeckt nochmals 30 Minuten gehen lassen.
7. Den Backofen auf 220 Grad Heißluft vorheizen.
8. Mit geölten Fingern den Brotlaib eindrücken und mit Gemüse, Kräutern und Samen dekorieren. Die Dekoration nochmals mit Olivenöl einpinseln und den Brotlaib mit Meersalz bestreuen.
9. Bei 220 Grad Heißluft für 20–30 Minuten backen.

TIPP

Der Geschmack der Focaccia kann mit Kräutern verfeinert werden – Rosmarin, Basilikum, Thymian oder Oregano geben dem Brot das gewisse Etwas.

TIPP

Der Brioche-Teig lässt sich super mit Lebensmittelfarbe einfärben – dann sieht das Brot besonders beim Anschneiden beeindruckend aus.

BRIOCHE

Brioche ist das perfekte Frühstück an einem Sonntagmorgen und durch den Quark im Teig bleibt sie auch noch ein paar Tage länger saftig.

250 g warme Milch
40 g Zucker
10 g Vanillezucker
20 g frische Hefe (oder 7 g Trockenhefe)
1 Ei
70 g Quark oder Topfen
40 g weiche Butter (Zimmertemperatur)
500 g Weizenmehl Type 550
3 g Salz
etwas weitere Milch
Sesam, Hagelzucker oder Streusel

1. Die Hefe und den Zucker mit dem Vanillezucker in der warmen Milch auflösen.
2. Das Ei, den Quark und die Butter einrühren.
3. Das Mehl und das Salz darüberstreuen, alles verrühren und den Teig dann 8–10 Minuten kneten, bis er elastisch wird und sich etwas vom Schüsselrand löst.
4. Die Schüssel mit einem trockenen Tuch abdecken und den Teig darin 30 Minuten bei Zimmertemperatur gehen lassen. Das Volumen des Teiges sollte sich fast verdoppeln.
5. Den Backofen auf 175 Grad Umluft vorheizen.
6. Den Teig formen, auf ein Backblech legen und nochmals 10 Minuten gehen lassen. Dann mit Milch bestreichen und mit Sesam, Hagelzucker oder Streuseln bestreuen.
7. Bei 175 Grad Heißluft je nach Größe für 20–40 Minuten backen.

MISCHBROT

Der Sauerteig macht dieses dunkle Mischbrot nicht nur bekömmlicher, sondern auch saftig und dadurch lange haltbar.

Sauerteig-Vorteig

100 g Roggenmehl Type 997 oder 1150
100 g lauwarmes Wasser
Sauerteig-Ansatz

Brotteig

200 g Sauerteig-Vorteig
350 g warmes Wasser
300 g Roggenmehl Type 997 oder 1150
200 g Dinkelmehl Type 630
10 g Salz
etwas Mehl

SAUERTEIG-VORTEIG

1. Etwas Sauerteig-Ansatz mit dem lauwarmen Wasser und dem Roggenmehl mischen und 6–12 Stunden bei Zimmertemperatur gehen lassen.
2. 200 g von diesem Vorteig zur Weiterverarbeitung wegnehmen; den Rest als neuen Sauerteig-Ansatz wieder in das Glas geben und in den Kühlschrank stellen.

BROTTEIG

1. Das warme Wasser mit dem vorbereiteten Sauerteig-Vorteig, den Mehlen und dem Salz in eine Rührschüssel geben und alles nur 2–3 Minuten kneten, bis die Zutaten gut vermischt sind.
2. Auf einer leicht bemehlten Arbeitsfläche ein Brot aus dem Teig formen.
3. Den Laib mit dem Schluss (den Falten) nach oben in ein bemehltes Gärkörbchen legen, abdecken und für 60–90 Minuten bei Zimmertemperatur gehen lassen. Er sollte etwa auf das 1,5-Fache aufgegangen sein.
4. Den Backofen auf 230 Grad Umluft vorheizen. Eine Ofenform zum Dampfen oder einen Brottopf mit aufheizen.
5. Den Brotlaib in den Topf geben und den Deckel schließen oder 2–3 cm Wasser in die vorgeheizte Form schütten und schnell das Backblech mit dem Brot in den Ofen schieben.
6. Bei 230 Grad Umluft für 40–45 Minuten backen; nach den ersten 15 Minuten den Deckel bzw. die Form mit Wasser entfernen.

TIPP

Mit Gewürzen kann man den Brotgeschmack verändern – 10 g Kümmel, Fenchel, Anis, Koriander oder Brotgewürz geben dem Teig jeweils eine ganz neue Note.

TIPP

Als Körner eignen sich Sesam, Leinsamen, Mohn oder Sonnenblumenkerne – aber auch Schrot oder Getreideflocken können verwendet werden.

KÖRNERBROT

Die Körner machen dieses Brot richtig herzhaft und halten es länger saftig. Durch das Überbrühen mit kochendem Wasser quellen sie schneller auf.

Sauerteig-Vorteig

100 g Roggenmehl Type 997 oder 1150
100 g lauwarmes Wasser
Sauerteig-Ansatz

Brühstück

75 g kochendes Wasser
75 g Körner oder Samen

Brotteig

200 g Sauerteig-Vorteig
Brühstück
325 g warmes Wasser
300 g Roggenmehl Type 997 oder 1150
200 g Weizen Vollkornmehl
10 g Salz
10 g Brotgewürz
etwas Mehl

SAUERTEIG-VORTEIG

1. Sauerteig-Ansatz mit dem Wasser und dem Roggenmehl mischen und 6–12 Stunden bei Zimmertemperatur gehen lassen.
2. 200 g von diesem Vorteig zur Weiterverarbeitung wegnehmen; den Rest als neuen Sauerteig-Ansatz wieder in das Glas geben und in den Kühlschrank stellen.

BRÜHSTÜCK

1. Die Körner/Samen mit dem kochenden Wasser übergießen, kurz durchrühren und dann etwas abkühlen lassen, bis sie lauwarm sind.

BROTTEIG

1. Das warme Wasser mit dem vorbereiteten Vorteig, dem Brühstück, den Mehlen und dem Salz in eine Rührschüssel geben und alles 2–3 Minuten kneten.
2. Auf einer leicht bemehlten Arbeitsfläche ein Brot aus dem Teig formen.
3. Den Laib mit dem Schluss (den Falten) nach oben in ein bemehltes Gärkörbchen legen, abdecken und für 60–90 Minuten bei Zimmertemperatur gehen lassen. Er sollte etwa auf das 1,5-Fache aufgegangen sein.
4. Den Backofen auf 230 Grad Umluft vorheizen. Eine Ofenform zum Dampfen oder einen Brottopf mit aufheizen.
5. Den Brotlaib in den Topf geben und den Deckel schließen oder 2–3 cm Wasser in die vorgeheizte Form schütten und schnell das Backblech mit dem Brot in den Ofen schieben.
6. Bei 230 Grad Umluft für 40–45 Minuten backen; nach den ersten 15 Minuten den Deckel bzw. die Form mit Wasser entfernen.

BROT-SCORING

Mit Brot-Scoring meint man das Einritzen des Brotteigs vor dem Backen. Es dient nicht nur dekorativen Zwecken. So kann man durch entsprechend angebrachte Ritzungen auch steuern, wie das Brot aufgeht, und bewirken, dass die Kruste rundherum richtig knusprig wird. Zusätzlich ist es natürlich ein schönes kreatives Hobby: Die Brote sehen nicht nur im Nu Social-Media-tauglich aus, sondern eignen sich auch perfekt als Geschenk.

Der ideale Teig fürs Brot-Scoring ist elastisch, aber nicht zu weich, und sollte richtig gut aufgehen, damit die schönen Muster auch sichtbar sind. Wichtig ist besonders eine scharfe Klinge – je dünner und schärfer sie ist, desto schöner wird das Muster und umso einfacher ist das Einschneiden. Am besten verwendet man eine Rasierklinge, für erste Versuche eignet sich aber auch ein Skalpell, ein Cutter oder ein sehr scharfes Küchenmesser. Wer seine Finger schützen möchte, sollte die Rasierklinge in ein Bäckermesser spannen.

Vor dem Einschneiden muss der Brotlaib noch gut mit einer dünnen Schicht Mehl ummantelt werden – den besten Kontrast ergeben Roggenmehl oder Reismehl. Zuerst den Brotlaib bemehlen und dann das Mehl etwas einmassieren, damit sich das Mehl mit der Teighaut verbindet und dann nicht in die Schnitte fällt.

Das Brot sollte direkt nach dem Einschneiden gebacken werden. Sonst würde es aufgrund der fehlenden Oberflächenspannung zerfließen und in sich zusammensinken.

TIPP

Für einen etwas anderen Look kann man die Ränder des Blattes an mehreren Stellen mit einer Schere einschneiden.

BLATTMUSTER

Das Blattmuster ist einfach und daher ideal für erste Scoring-Versuche. Mit wenigen Schnitten erreicht man großartige Effekte – und übt zugleich die unterschiedlichen Schnitttiefen.

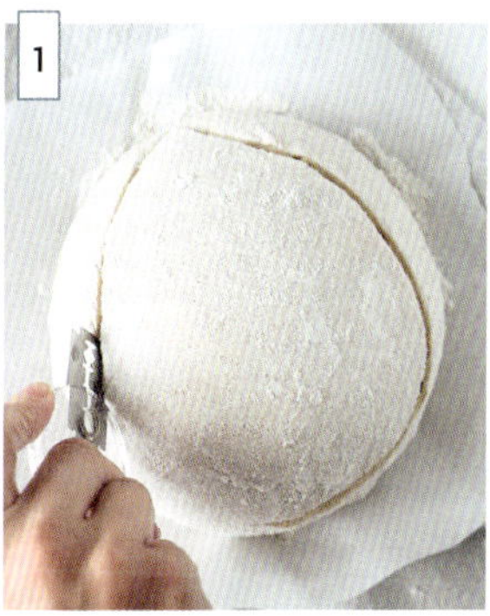

1. Die Blattform ca. 3–4 mm tief einschneiden, vorne spitz, hinten abgerundet.

2. In der Mitte eine Linie ziehen, 1 mm tief. Zum Blattrand hin am Anfang und am Ende etwas Platz lassen, damit das Blattmuster nicht in der Mitte aufreißt.

3. Die Blattvenen leicht einritzen – wenn sie unterschiedlich lang sind, mal kürzer, mal länger, oder auch unterbrochen bzw. nicht parallel, sieht das Blatt natürlicher aus.

4. Kurze Schnitte oder Muster rund um das Blatt bewirken, dass das Brot kontrollierter aufgeht.

FÜR DIESES AUSSERGEWÖHNLICHE BROT mit Blättern den Teig in drei kleine Laibe teilen und diese mit etwas Wasser eng zusammenfügen. Nach dem Bemehlen in jeden kleinen Laib ein Blatt schneiden – diese drei Blätter sollten sich mit den Spitzen in der Mitte treffen, da sie beim Backen durchs Aufgehen der Laibe ohnehin etwas nach außen wandern. Ein paar Schnitte rings um die Blätter machen das Muster noch schöner.

DAS BLATTMUSTER SIEHT BESONDERS TOLL AUS, wenn mehrere Blätter direkt nebeneinander eingeschnitten werden. Das funktioniert super auf einem runden Laib oder auch auf einem Brotkranz wie diesem hier. Wenn die Blätter in unterschiedliche Richtungen zeigen, wirkt das Muster noch beeindruckender.

TIPP

Für ein ganz neues Muster mit derselben Technik können in jeder zweiten Reihe die Zacken versetzt geschnitten werden.

STERNMUSTER

Sternedesigns sind unglaublich vielfältig, und wenn sie sich über den ganzen Brotlaib ziehen, sehen sie besonders beeindruckend aus. Dieses Design wird mithilfe eines Fadens vorgezeichnet. Die Schnitte mit dem Bäckermesser bewirken, dass das Brot gleichmäßig aufgeht.

1. Vier Linien mit dem Faden im Brotlaib markieren, die sich in der Mitte des Laibes treffen und im gleichen Winkel zueinander stehen. Den Faden dafür vorsichtig eindrücken.

2. Mittig mit der Klinge 2–3 mm tief einen kleinen Stern an den Linien einschneiden.

3. Um jeden Sternenstrahl des kleinen Sterns einen Zacken einschneiden; dabei sollte man auf Symmetrie achten, was einfacher ist, wenn man den Laib nach jedem gesetzten Zacken entsprechend weiterdreht.

4. Weitere Reihen an Zacken einschneiden, bis der Brotlaib rundherum vollständig eingeschnitten ist.

FÜR DIESEN STERN mit einem Faden drei Linien auf dem Laib markieren, die sich in der Mitte treffen und im gleichen Winkel zueinander verlaufen. In der Mitte einen kleinen Stern schneiden und dann bei jeder Linie größere Sternenzacken ca. 3 mm tief einschneiden. An den Enden die Zacken nach links und rechts durch Schnitte miteinander verbinden. In die offenen Bereiche jeweils ein kleines Kreuz und um den Stern seitlich einschneiden.

DIESES MUSTER folgt einem ähnlichen Design – zuerst vier Linien mit dem Faden markieren. Auf jeder Linie einen kleinen, 1 mm tiefen Schnitt und dann jeweils seitlich der Linie links und rechts drei schräge Schnitte setzen. Rund um dieses Muster jeweils einen Zacken 2 mm tief schneiden für den Stern. Außen herum wird noch ein größerer Stern eingeschnitten.

TIPP

Als Hilfestellung beim Ährenmuster sollten die Stängel der Ähre zuvor vorsichtig mit einem Zahnstocher im Mehl vorgezeichnet werden.

ÄHRENMUSTER

Dieses Muster soll eine Getreideähre darstellen und ist vielfältig einsetzbar. Es eignet sich z. B. perfekt als kleines Detail in anderen Designs oder kann auch über den ganzen Laib verteilt eingeritzt werden.

1. Mit einem Zahnstocher von unten nach oben Richtung Brotmitte Linien aufmalen und dann jeweils ganz oben an diesen Linien und links und rechts davon kurze, schräge 1–2 mm tiefe Schnitte setzen.

2. Dieses Ährenmuster auf der anderen Brothälfte wiederholen.

3. Längs mittig einen Schnitt markieren.

4. Diese Linie ca. 5 mm tief einschneiden, damit das Brot hier aufgehen kann.

FÜR DIESES DESIGN wird mit einem Faden auf dem Laib ein Schachbrettmuster markiert. An dessen Linien jeweils ein kurzes Ährenmuster ca. 1 mm tief einritzen. Wenn der ganze Laib verziert wurde, mit zwei 3 mm tiefen Schnitten entlang zweier Linien ein großes Kreuz einschneiden, an denen das Brot dann aufgeht.

AUCH FREIHÄNDIGE DESIGNS wie dieser Hase sehen nach dem Backen wunderschön aus. Hier ist es wichtig, dass die Schnitte für das Bild nur ganz leicht eingeritzt werden und rundherum tiefe Schnitte gesetzt werden, an denen das Brot kontrolliert aufreißen kann.

3D-BROTE

Mit Broten in 3D-Formen kann man so richtig kreativ werden. Gemeint sind Brote, die nicht mehr die typische Laibform haben, sondern die Gestalt anderer Dinge annehmen. Hierfür ist es besonders wichtig, dass der Teig elastisch ist, eine gute Oberflächenspannung und eine glatte Haut hat. Da das Formen etwas Zeit benötigt, darf der Teig nicht so weich sein, dass er währenddessen zerfließt. Er muss genügend Elastizität haben, damit die Oberfläche nicht austrocknet oder rissig wird.

Die einzelnen Teile des Designs werden am besten separat geformt und dann mit etwas Wasser zusammengeklebt – durch das Wasser verbinden sie sich gut miteinander, sodass das Brot nach dem Backen nicht in seine Einzelteile zerfällt.

Dieses Vorgehen funktioniert gut mit Hefeteigen. Bei Sauerteig jedoch müssen die geformten Einzelteile noch in Gärkörbchen gehen, bevor sie gebacken werden. Hierfür eignen sich entsprechend große Schüsseln und Kuchenbackformen ideal.

Rundungen werden per Hand geformt, Kanten erzielt man am besten mit einer Teigkarte: Wer den Teig mit ihr absticht, verhindert, dass er danach wieder in seine runde Form zurückgeht.

Bei allen Broten sollten vor dem Backen noch Schnitte an den Seiten gesetzt werden, damit der Ofentrieb seinen Weg finden kann und die Form nicht verloren geht.

TIERBROTE

Dieses süße Bärenbrot lässt nicht nur Kinderaugen strahlen. Es wird aus mehreren runden und ovalen Teilen zusammengesetzt – diese sind besonders leicht zu formen. Die größeren Teile für den Kopf und den Körper werden wie kleine Brotlaibe geformt. Für die Details im Gesicht und Bauch können kleine Schablonen aus Backpapier geschnitten werden. Das Gesicht wird vor dem Backen mit schwarzer Lebensmittelfarbe aufgemalt.

1. Die einzelnen Teile formen. Backpapierschablonen auf Gesicht und Bauch legen: auf die Stellen, die beim gebackenen Brot dunkler aussehen sollen. Den Laib dann bemehlen und dabei darauf achten, dass kein Mehl unter die Backpapierschablonen gerät. Das Mehl leicht einmassieren und die Schablonen anschließend vorsichtig wieder abziehen.
2. Die einzelnen Teile zusammenfügen, indem eine Seite flachgedrückt, befeuchtet und an das andere Brotteil gelegt wird.
3. Mit schwarzer Lebensmittelfarbe Nase und Augen aufmalen – wenn die Farbe etwas verläuft, das Mehl leicht abstreichen.
4. An den Seiten des Kopfes und des Körpers mit einem scharfen Messer Schnitte setzen, damit der Bär kontrolliert aufreißt.

TIPP

Kleinere Anfügungen wie Arme, Beine und Ohren werden immer etwas knuspriger, daher sollte man sie nahe an den Körper legen und sie nicht zu klein und dünn machen.

FÜR DAS BIENENBROT einen ovalen Laib formen und an einem Ende flach drücken. Dort den Kopf mit etwas Wasser anfügen. Die beiden Flügel tropfenförmig an den spitzen Enden flach drücken und mit etwas Wasser am Körper der Biene festkleben. Zwei kleine Fühler formen und am Kopf befestigen. Mit schwarzer Lebensmittelfarbe die Streifen, Fühler und das Gesicht aufmalen. Körper und Kopf der Biene an der Seite einschneiden.

DAS HASENBROT besteht aus einem ovalen Laib für den Körper und einem kleinen runden Laib für den Kopf, die mit etwas Wasser zusammengeklebt werden. Dann noch die Ohren formen und anbringen. Sie sollten nicht zu dünn oder lang sein, damit sie beim Backen nicht zu hart werden. Am Ende noch eine kleine, flachgedrückte Kugel als Schwanz ankleben. Den Körper des Hasen längs und den Kopf unten an den Seiten einschneiden.

GEBUNDENE BROTE

Die Kürbisform dieses Brotes wird mit Schnüren gebunden. Die Technik eignet sich besonders gut für Hefeteige, da diese etwas kompakter sind und gut die Form des Kürbisses annehmen. Für eine regelmäßige und schöne Form ist es besonders wichtig, dass das Brot schnell gebunden und dekoriert wird, da sonst der Teig zu zerfließen beginnt und Küchengarn in den Laib schneidet, sodass die Form unregelmäßig aufgeht. Eine Zimtstange, in das gebackene Brot gesteckt, dient als Stängel.

1

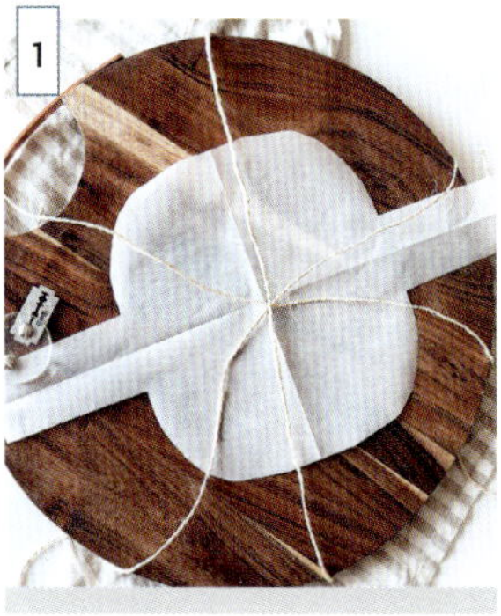

2

3

4

1. Drei ca. 40–50 cm lange Küchengarn-Schnüre auf einem Backpapier überkreuzen.
2. Den Brotlaib mittig darauflegen.
3. Die Schnüre oben mittig locker verbinden und miteinander verknoten.
4. An den Seiten mit einem Bäckermesser ein Ährenmuster einschneiden.

TIPP

Es sollte ein eher dickerer Küchengarn verwendet werden – wichtig ist, dass er nicht aus Plastik besteht, damit er nicht beim Backen schmilzt.

DIESES BLUMENBROT wird ebenfalls mit drei Garnschnüren geformt. Für die Farbe der Blütenblätter Reismehl mit Lebensmittelfarbe in einen Plastikbeutel geben und durchkneten. Mit diesem Pulver die entsprechenden Stellen bemehlen. Am Ende die Blütenmitte mit gelber Lebensmittelfarbe aufmalen und die Blütenblätter mit einem Bäckermesser einritzen, dann backen.

FÜR DIESES LÖWENBROT werden fünf Schnüre verwendet: den Laib auflegen, einen runden Keksausstecher aus Metall auf die Mitte des Laibes legen und darüber die Schnüre verknoten. Zwei kleine Ohren formen und mit Wasser ankleben. Mehl mit etwas Kurkuma mischen und damit die Mähne bemehlen. Dann das Gesicht mit schwarzer Lebensmittelfarbe aufmalen.

ECKIGE BROTFORMEN

Für eckige Brote wie dieses Eistütenbrot benötigt man eine Teigkarte: Kanten, die man damit absticht, fallen nicht gleich wieder in eine Rundung zurück, sondern behalten ihre klare Form.

1. Für die Eistüte einen dreieckigen Laib formen und mit der Teigkarte die Seiten abstechen, um klare Kanten zu erzielen.

2. Für die Eiskugel einen runden Laib, dazu ein langes Band und für die Kirsche eine kleine Kugel formen. Diese Elemente mit Wasser an der Tüte festkleben.

3. Die Eistüte gelb und die Eiskugel rosa bemehlen. Das Gesicht mit Lebensmittelfarbe aufmalen und die Kirsche rot anmalen.

4. Die Seiten der Eiskugel einschneiden und die Eistüte mit einem Muster verzieren.

TIPP

Für das farbige Mehl, mit dem das Brot bestreut werden soll, etwas Reismehl mit Lebensmittelfarbe in einen Tiefkühlbeutel geben und gut verkneten.

FÜR DAS WEIHNACHTSBAUMBROT den Laib als längliches Dreieck formen. Mit der Teigkarte an beiden Seiten jeweils zwei kleine Dreiecke abstechen, um den Stamm zu konturieren. Den Laib mit grüngefärbtem Mehl bemehlen und mit Lebensmittelfarbe Kugeln und einen Stern aufmalen.

FÜR EINFACHE DESIGNS WIE DIESES CORGIBROT kann man mit zwei kleinen Ohren und etwas Lebensmittelfarbe einem runden Laib ein ganz neues Gesicht verleihen.

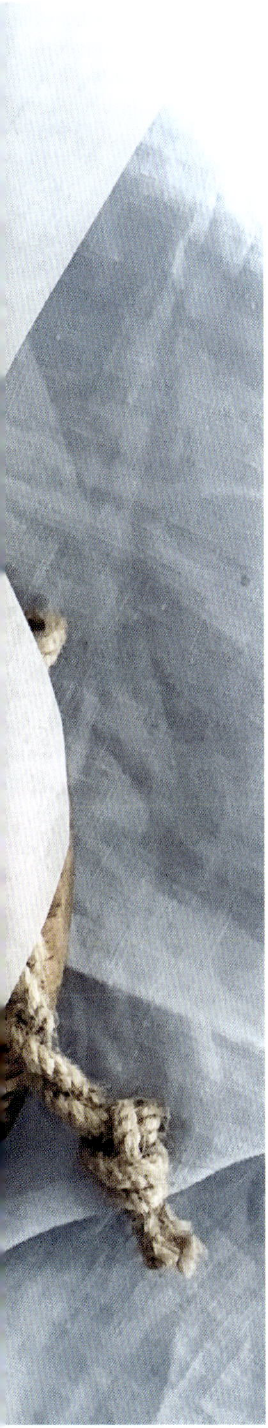

BLÜTEN-BROTE

Essbare Blüten und Kräuter machen sich auf Broten richtig gut! Sie werden direkt vor dem Backen auf den Brotlaib geklebt. Damit sie beim Backen nicht verbrennen und die Farben intensiv bleiben, sind ein paar Tricks notwendig: So sollte der Laib nicht bemehlt, sondern rundherum mit Wasser besprüht oder bestrichen werden. Denn sonst würde die Kruste zwischen den Blüten grau aussehen. Auf dem feuchten Teig kleben die Blüten und Kräuter sehr gut. Wichtig ist, dass alle Blüten direkt auf dem Teig aufliegen – also lieber etwas andrücken. Was nämlich vom Laib weg steht, verbrennt sehr leicht.

Gebacken wird der Laib im aufgeheizten, geschlossenen Gusseisentopf. Der Dampf im Topf hält die Blüten feucht und bewahrt die Farben. Der Deckel wird erst für die letzten 5–10 Minuten vor Ende der Backzeit entfernt, damit die Kruste noch knusprig und braun wird.

Für Blütenbrote eignen sich alle möglichen essbaren Blüten – wichtig ist, dass sie ungespritzt und zum Verzehr geeignet sind. Am besten, man pflanzt sie selbst an, pflückt sie auf der Wiese oder kauft sie in Salatmischungen bzw. im Großhandel. Ich verwende z. B. gerne (je nachdem, welche Farben ich will) Cosmea-, Kornblumen-, Stiefmütterchen-, Radieschen-, Rucola-, Borretsch- und Gänseblümchenblüten, Löwenzahn, Klee- oder Ringelblumenblüten. Flache Blütenblätter eignen sich besonders gut, da sie direkt auf dem Brotlaib aufliegen und dadurch ihre Farben behalten. Gut zur Geltung kommen blaue, pinke, rote und violette Blumen; Blüten in Orange-, Rot- und Gelbtönen hingegen gehen im Braun der Kruste leicht unter.

TIPP

Bei Stiefmütterchen eignen sich besonders die blauen und violetten – da bleiben die Farben nach dem Backen richtig gut sichtbar.

BROTE MIT FRISCHEN BLÜTEN

Blütenbrote mit frischen Blüten sehen besonders beeindruckend aus. Stiefmütterchenblüten z. B. eignen sich bestens fürs Dekorieren, da sie besonders flach sind und ihre Farbe gut behalten.

1

2
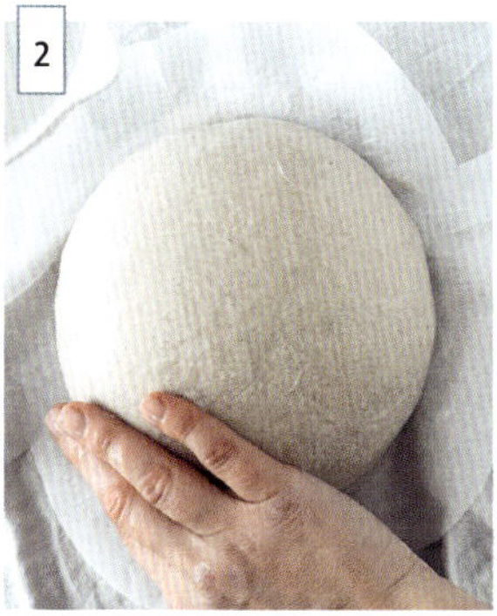

3

4

1. Den Stängel der Blüten ganz kurz schneiden, ohne dabei die Blüte zu zerstören.
2. Den Brotlaib rundherum großzügig mit Wasser einstreichen.
3. Die Blüten auf den Brotlaib legen und in der Mitte andrücken.
4. Die überlappenden Blütenblätter mit etwas Wasser befeuchten und nochmals etwas andrücken.

COSMEABLÜTEN SIND PERFEKT zum Dekorieren von Broten. Sie haben jedoch einen dickeren Blütenstempel: Er sollte tiefer in den Laib gedrückt werden. Da der Laib beim Backen aufgeht, stehen sie am Ende dennoch etwas ab. Sie schmecken etwas strohig, daher sollte man sie nach dem Backen einfach mit einer Schere abschneiden.

FÜR DIESES DESIGN wird zuerst der Brotlaib außen bemehlt und dann mit einem nassen Pinsel das Herz auf den Brotlaib gezeichnet. Dort werden die Blüten aufgelegt und gut angedrückt; überlappende Blütenblätter sollten mit etwas Wasser befestigt werden. Danach wird mit einem Bäckermesser die Herzform eingeschnitten und eventuell noch ein zweites Herz etwas größer geschnitten.

TIPP

Bei den Kräutern sollte man auch auf den Geschmack achten. Zusätzlich zu den Dekokräutern kann man natürlich schon bei der Teigherstellung getrocknete Kräuter verwenden, um den Teig zu würzen.

BROTE MIT FRISCHEN KRÄUTERN

Als frische Kräuter eignen sich für die Brotdekoration vor allem solche mit weichen Blättern – z. B. Petersilie, Koriander, Basilikum, Dille, Minze oder Schnittlauch. Sie lassen sich gut auf der Brothaut ankleben. Auch festere Kräuter wie Rosmarin und Thymian funktionieren: Diese drückt man etwas tiefer in die Haut des Laibs, damit sie sich während des Backvorgangs nicht wieder ablösen.

1. Die Blätter der Kräuter abzupfen bzw. die Stängel entfernen.
2. Den Brotlaib rundherum großzügig mit Wasser einstreichen.
3. Die Kräuterblätter auf den Brotlaib legen und gut andrücken.
4. Die überlappenden Blätter mit etwas Wasser befeuchten und ankleben.

NICHT NUR FRISCHE KRÄUTER eignen zum Backen – dieses Brot wurde mit Karottengrün dekoriert. Im Sinne von Zero Waste in der Küche können so auch Gemüseteile verwendet werden, die normalerweise im Mülleimer landen. Die Blätter des Karottengrüns sollten zuerst gut glattgestrichen und dann auf dem feuchten Brotlaib angedrückt werden.

KRÄUTER UND BLÜTEN SEHEN auch im Team richtig schön auf Broten aus. Einfach gut ankleben und bei Überlappungen mit etwas Wasser aneinander befestigen.

TIPP

Nach dem Bestreuen des Brotlaibs mit den Blüten sollte man den Laib einmal umdrehen, damit die nicht anklebenden Blüten abfallen.

BROTE MIT GETROCKNETEN BLÜTEN

Brote mit getrockneten Blüten werden vor dem Dekorieren gebacken, da die trockenen Blüten viel zu leicht verbrennen würden. Sie werden auf den Laib geklebt, gleich nachdem dieser aus dem Ofen kommt, wenn er also noch heiß ist. Dafür wird ein heißer Stärkekleber verwendet. Durch die Resthitze des Brotes trocknet dieser schnell, die Blüten haften an und die Kruste bleibt knusprig.

1. 1 TL Maisstärke mit 50 ml kochendem Wasser mischen.
2. Den Brotlaib mit diesem Stärkekleber einstreichen.
3. Die getrockneten Blüten auf den Kleber streuen.
4. Nach dem Trocknen den Laib vorsichtig umdrehen, damit die nicht anhaftenden Blüten abfallen.

FÜR DIESES BROT wird der Laib vor dem Backen mit dem Bäckermesser in der Mitte mit einem Muster eingeschnitten. Nach dem Backen wird nur an den Seiten der Stärkekleber aufgestrichen und die getrockneten Blüten werden angeklebt.

WER SELBST BLÜTEN TROCKNEN WILL, kann bei verblühenden, essbaren Blumen die Blütenblätter abzupfen und sie auf einem Backpapier trocknen oder zwischen Papier in einem Buch pressen. Die getrockneten Blüten werden nach dem Backen mit dem Stärkekleber auf den Brotlaib geklebt.

Für
dich

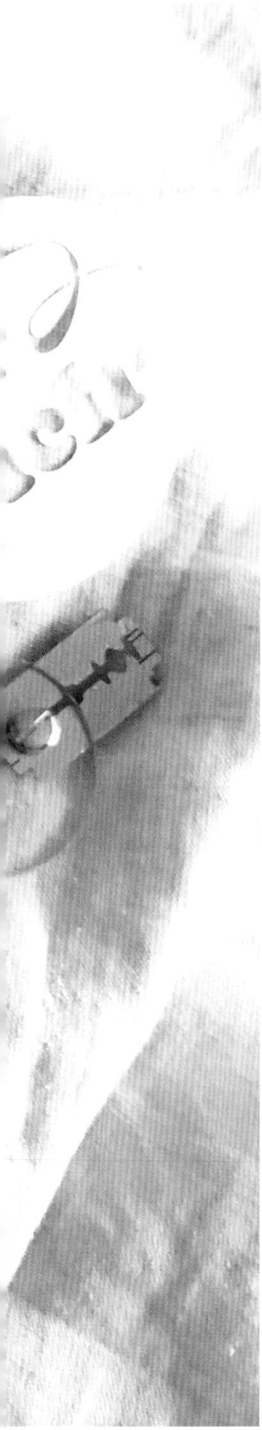

BROT-SCHABLONEN

Mit Brotschablonen lassen sich im Nu detaillierte Muster und Schriftzüge aufs Brot zaubern. Die ideale Brotschablone sollte einerseits elastisch und weich sein, damit sie sich gut an die Form des Brotes anpasst, sich andererseits aber leicht von der feuchten, klebrigen Brotoberfläche lösen lassen. Mit Schablonen aus härteren Materialien sollte man vorsichtig vorgehen, um die Brothaut nicht zu verletzen.

Für weiße Designs eignet sich am besten Roggenmehl oder Reismehl. Diese Mehle haben eine hohe Hitzetoleranz und bleiben nach dem Backen weiß.

Bei bunte Designs nimmt man am besten verschiedenfarbige essbare Pulver, die beim Backen ihre Farbe gut behalten und nicht schnell verbrennen. Das sind z. B. Matcha-, Kakao-, Kurkuma- oder Aktivkohlepulver, gemahlener Mohn oder gefriergetrocknete Frucht- oder Gemüsepulver.

Man kann auch Mehl einfärben und damit verschiedene Designs aufs Brot zaubern. Dafür verwendet man am besten Reismehl. Man gibt es mit etwas Lebensmittelfarbe (z. B. Gelfarben) in einen Kunststoffbeutel und verreibt beides miteinander, bis das Mehl einheitlich gefärbt ist.

BROTSCHABLONE MIT EINER FARBE

Mit Brotschablonen kann man detaillierteste Designs ganz einfach aufstreuen. Für Brote mit einer Farbe am besten mit einem unbemehlten Laib beginnen oder das Mehl gut abbürsten, bevor man den Laib befeuchtet. Zum Aufstreuen können sowohl weiße Mehle, essbare Pulver als auch gefärbte Mehle verwendet werden.

1. Die Brotschablone auf den feuchten Laib legen.
2. Mit einer dünnen Schicht Mehl bestreuen und dieses leicht einklopfen. Das Mehl von der Schablone abstreichen, damit es nicht beim Ablösen auf den Laib fällt.
3. Die Schablone vorsichtig abheben.
4. Das Brot an den Seiten einschneiden, damit die Kruste beim Backen nicht unkontrolliert aufreißt.

TIPP

Brotschablonen sollten immer gleich nach der Verwendung gewaschen werden. Denn wenn das Mehlgemisch angetrocknet ist, sind sie nur noch schwer zu reinigen.

FÜR DAS HERZDESIGN werden kleine Herzen aus Backpapier geschnitten, leicht mit Öl bestrichen und auf den Laib gelegt. Danach wird dieser mit etwas Roggen- oder Reismehl bemehlt und dann werden die kleinen Herzen abgezogen. Vor dem Backen wird noch ein Schnitt über den Laib gezogen, damit er nicht unkontrolliert aufreißt.

FÜR DIESES OSTERBROT wird eine Ei-förmige Schablone aus Backpapier geschnitten und innerhalb der Eiform ein Hase ausgeschnitten – das geht am besten mit einem Cuttermesser. Die Schablone dann auf den ovalen Laib legen, diesen bemehlen, das Mehl einklopfen und dann die Schablone abziehen. Anschließend werden mit einem Bäckermesser mehrere Eiformen rund um die Schablone geschnitten.

BROTSCHABLONE MIT VERSCHIEDENEN FARBEN

Für einen Hell-Dunkel-Kontrast beginnt man am besten schon mit einem bemehlten Laib und verwendet für das zweite Bemehlen ein dunkles essbares Pulver oder eingefärbtes Mehl. Natürlich können auch verschiedene Pulver mit ein und derselben Schablone verwendet werden.

1. Die Brotschablone auf den bemehlten Laib legen.
2. Die Schablone vorsichtig mit farbigem Pulver oder Mehl bestreuen.
3. Die Schablone vorsichtig abheben.
4. Das Brot an den Seiten einschneiden, damit es nicht beim Backen unkontrolliert aufreißt.

TIPP

Ist der Laib schon bemehlt, dann klebt die Schablone nicht an – daher sollte man nach Aufbringen der Schablone beim Bestreuen mit farbigen Pulvern vorsichtig vorgehen, damit sie nicht verrutscht.

FÜR DAS BUNTE SCHMETTERLINGSBROT wird die Schablone auf einen mit Wasser besprühten Laib gelegt. Mit verschiedenen Farben und Reismehl werden die gewünschten farbigen Pulver hergestellt. Die Pulver dann abwechselnd auf die Schablone streuen. Danach das Brot rund um den Schmetterling einschneiden.

UM DAS GEFÄRBTE MEHL oder verschiedene Pulver präzise auf der Schablone zu verteilen, verwendet man am besten einen kleinen Löffel. Wer sichergehen möchte, dass sich die Farben nicht vermischen, kann mit kleinen Stücken Backpapier die Bereiche der Schablone, die gerade nicht bestreut werden sollen, abdecken.

SELBSTGEMACHTE BROTSCHABLONEN

Brotschablonen kann man natürlich auch selbst machen. Für einfache Schablonen zur einmaligen Verwendung eignet sich Backpapier. Dieses klebt aber auf der feuchten Brothaut schnell an und es besteht die Gefahr, dass man diese beim Abziehen der Schablone verletzt. Daher Schablonen aus Backpapier am besten zuerst einölen und dann nur kurz auflegen und schnell wieder abziehen.

1. Das gewünschte Motiv ausdrucken. Das Backpapier bzw. die Kunststofffolie auf das Papier mit dem Motiv auflegen und mit Klebestreifen festkleben. Achtung: Backpapier sollte auf die Rückseite des Papiers mit dem Motiv geklebt werden, da dieses sonst natürlich nicht mehr zu sehen ist.

2. Mit dem Cuttermesser das Muster ausschneiden.

3. Die Schablone auf den befeuchteten Brotlaib legen und bemehlen.
4. Das Brot an den Seiten einschneiden, damit es beim Backen nicht unkontrolliert aufreißt.

Wer seine Schablonen mehrmals verwenden will, nimmt am besten eine flexible, dünne Kunststofffolie, wie man sie z. B. auf Nahrungsmittelverpackungen findet, oder eine Klarsichtfolie aus dem Bürobedarf. Das gewünschte Muster wird mit einer Schere oder einem sehr scharfen Cuttermesser ausgeschnitten.

TIPP

Eine gewaschene Schablone sollte flach getrocknet werden, damit sie ihre Form behält.

BEMALTE BROTE

Brote eignen sich sehr gut als Leinwand – man kann mit Wasser oder verschiedenen Lebensmittelfarben wunderschöne Kunstwerke darauf zaubern. Damit diese nicht verrinnen und nach dem Backen auch noch sichtbar sind, müssen ein paar Punkte beachtet werden. So sollte der Brotlaib nur leicht bemehlt werden; am besten das Mehl etwas einmassieren und den Rest abstreichen. Denn wenn die Mehlschicht zu dick ist, verläuft die Farbe beim Malen oder es kann fast keine Farbe aufgetragen werden, da das Mehl am Pinsel kleben bleibt.

Am einfachsten kann man direkt mit Wasser malen. Schon der Kontrast zwischen der braunen Kruste und der dünnen Mehlschicht sieht im Ergebnis beeindruckend aus.

Wer Farben verwenden will, kann flüssige oder Gel-Lebensmittelfarben verwenden. Flüssige Farbe kann direkt aufgetragen oder alternativ mit etwas Wasser verdünnt werden, für ein etwas helleres Farbergebnis. Gel-Farbe sollte für die Verwendung auf Brotlaiben mit Wasser verdünnt werden. Die Farben werden beim Backen ohnehin etwas dunkler. Gelb-, Orange- und Brauntöne zeichnen sich dann kaum noch vom Braun des Brotlaibs ab.

Die schönsten Farbergebnisse erbringt eine weiße Öl-basierte Lebensmittelfarbe, die man auch gut mit flüssigen oder Gel-Lebensmittelfarben mischen kann. Sie ist deckend und wirkt daher auch nach dem Backen intensiv und strahlt. Man findet sie online oder im gutsortierten Back- und Tortendeko-Geschäft.

Mit normaler Lebensmittelfarbe können auch Esspapier oder Oblaten bemalt werden. Auf dem weißen Hintergrund halten sich die Farben sehr gut und die Leinwand aus Stärke übersteht auch die Temperaturen im Backofen gut.

TIPP

Kleine Schnitte rund um die Zeichnung geben dem Design noch mehr Kontur.

MIT WASSER MALEN

Das Malen mit Wasser funktioniert ganz einfach. Die Mehlschicht sollte durchgängig über den gesamten Laib und sehr regelmäßig sein, damit das Design am Ende auch wirklich sichtbar ist.

1. Den Laib leicht bemehlen und das Mehl gut einmassieren.
2. Mit dem feinen Pinsel die Details aufmalen.
3. Mit dem dicken Pinsel die Flächen ausmalen.
4. Den Laib in der gemalten Zeichnung und an den Seiten einschneiden.

Empfehlenswert ist es, zum Malen zwei Pinsel zu verwenden – einen sehr dünnen für die Details und einen etwas dickeren für größere Flächen. Durch das Mehl auf dem Brot fallen die gemalten Striche immer etwas breiter aus als die Pinselstärke es auf Papier erwarten lassen würde, da sich das Mehl leicht mit Wasser vollsaugt.

FÜR DEN SCHRIFTZUG hilft es, mit einem Zahnstocher die Buchstaben ganz leicht vorzuzeichnen. Dann werden sie mit einem dünnen Pinsel nachgezogen. Als Letztes werden noch die Details gemalt und ein Herz wird eingeschnitten.

AUCH BEI 3D-BROTEN bietet es sich an, Details wie z. B. Gesichter aufzumalen. Hier bekommt der runde Laib zwei Ohren, dann wird ein Gesicht mit Wasser aufgemalt und zum Schluss wird der Laib ringsherum mit einem Bäckermesser eingeschnitten.

TIPP

Bei den Rosen sollte jede Farbe kurz trocknen, bevor man mit einer neuen Farbe beginnt, dann sind die Kontraste noch stärker zu sehen.

MIT LEBENSMITTELFARBE MALEN

Lebensmittelfarben eignen sich super, um kleine Details oder auch große Kunstwerke auf Brote zu malen. Die Farben sollten einigermaßen flüssig sein, damit sie sich gut auftragen lassen – daher sollten besonders Gelfarben mit Wasser verdünnt werden.

1

2

3

4

1. Auf den bemehlten Laib die weißen Margariten aufmalen.
2. Die pinken Rosen aufmalen und mit dem feinen Pinsel die Details in Weiß aufmalen.
3. Zwischen die Blüten mit grüner Farbe die Blätter malen.
4. Mittig einen tiefen Schnitt durch die Oberseite des Laibes ziehen.

Damit Lebensmittelfarben auch nach dem Backen noch strahlend und intensiv sind, empfiehlt es sich, sie vor dem Auftragen mit einer weißen ölhaltigen Lebensmittelfarbe zu mischen.

DIE BIENE wird mit deckenden Lebensmittelfarben auf Öl-Basis aufgemalt. Für die Details der Flügel werden dann mit einem Bäckermesser viele kleine Schnitte gesetzt, um das natürliche Muster zu imitieren. Rund um die Biene wird das Brot noch wabenförmig eingeschnitten.

FÜR DEN WEIHNACHTSBAUM wurde Gel-Lebensmittelfarbe mit etwas Reismehl gemischt. Gemalt wurde mit mehreren Grüntönen, einem Rot für die Kugeln und einem Gelb für den Stern. Da Grün und Rot sich gut von der braunen Kruste abheben, sind die Farben auch nach dem Backen gut sichtbar.

TIPP

Oblaten kann man sowohl mit Lebensmittelfarben mit einem Pinsel als auch gut mit Lebensmittelfarbe-Markern bemalen. Mit letzteren ist das Malen einfacher und sie verhindern, dass die Farbe verläuft.

AUF OBLATEN MALEN

Backoblaten (nicht zu verwechseln mit Waffeloblaten) bzw. Hostien oder auch Esspapier eignen sich sehr gut als Träger für kleine Kunstwerke am Brot. Sie sollten auf eine leicht befeuchtete Brothaut gelegt werden, damit sie auch gut ankleben. Der Laib darf jedoch nicht zu nass sein, sonst lösen sich die Oblaten etwas auf und die Zeichnungen sind dann nicht mehr sichtbar.

1. Mit der Lebensmittelfarbe direkt die Kirschen auf die Oblaten malen und die Farben trocknen lassen.
2. Den Brotlaib leicht befeuchten und die Oblaten auflegen.
3. Den Laib bemehlen und das Mehl von den Oblaten abstreifen.
4. Den Laib zwischen den Oblaten mit geraden Schnitten einschneiden.

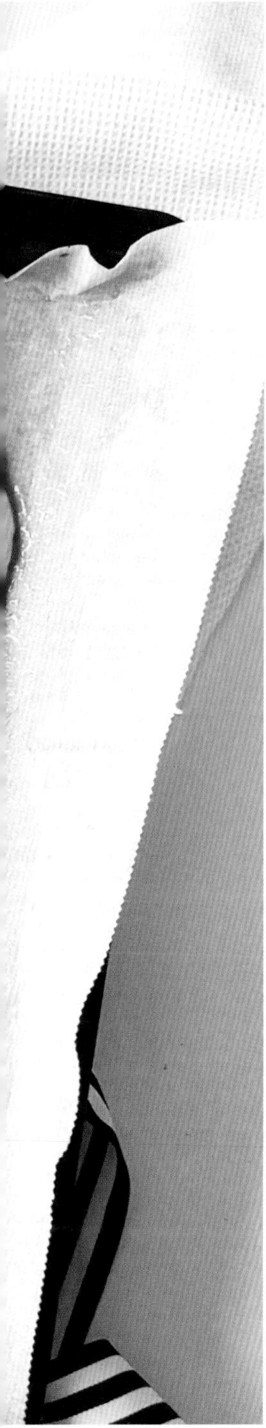

FOCACCIA GARDENS

Focaccia Gardens sehen nicht nur schön aus, das Gemüse gibt auch noch richtig viel Geschmack. Für die Dekoration eignen sich alle möglichen Gemüsesorten, die auch sonst im Ofen gegart werden: Paprika, Tomaten, Karotten, Zucchini, Spargel, Brokkoli, Blumenkohl, Kürbis, Zwiebel, Frühlingszwiebel, Knoblauch, Rüben, Rote Beete …

Das Gemüse sollte je nach Design passend geschnitten werden. Für dünnere Linien eignen sich schmale Streifen Zucchini, Frühlingszwiebel oder Karotten, als Blüten machen Paprika- oder Zwiebelscheiben eine gute Figur.

Auch Kräuter mit festeren Blättern eignen sich zum Verzieren: Thymian, Rosmarin oder Petersilie verbrennen nicht so leicht und sehen nach dem Backen auch noch grün aus.

Zusätzlich können natürlich Samen verwendet werden: Ins Design gestreut, geben sie dem Brot noch mehr Geschmack.

Oliven, Kapern, getrocknete Tomaten, Artischocken oder andere eingelegte Gemüse sollten zuvor gut abtropfen. Denn zu viel Öl oder Flüssigkeit auf dem Focaccia-Teig kann dazu führen, dass das Brot am Ende an manchen Stellen nicht ganz durchgebacken ist.

Zu Beginn hilft es, das Design neben dem Teig aufzulegen, damit man eventuell noch Änderungen vornehmen kann. Denn der Teig ist sehr klebrig, und wenn das Gemüse erst auf der Focaccia liegt, ist es manchmal gar nicht so einfach, es schadlos wieder zu entfernen.

Das Gemüse sollte nach dem Auflegen etwas in den Teig eingedrückt werden, damit es beim Backen schön im Teig bleibt und nicht nur obenauf liegt. Vor dem Backen kann die Dekoration noch mit etwas Olivenöl bestrichen werden, für ein saftiges Ergebnis.

FOCACCIAS MIT MUSTERN

Für dieses schnelle Kirschendesign werden halbierte Cocktailtomaten, dünne Streifen Zucchinischale und kleine Kräuterblätter verwendet (z. B. Basilikum, Minze, Zitronenmelisse). Bei den Blättern muss man aufpassen, dass diese flach auf dem Teig aufliegen, denn wenn sie wegstehen, besteht die Gefahr, dass sie beim Backen verbrennen.

1. Die Focaccia mit öligen Fingern vorsichtig eindrücken.
2. Die Tomatenhälften mit der Schnittseite nach unten auflegen.
3. Die Zucchinistreifen auflegen und leicht eindrücken. Die Kräuterblätter flach auf den Zeig legen.
4. Den Belag der Focaccia dünn mit Olivenöl bepinseln und mit Meersalz bestreuen.

TIPP

Statt als Kirschendesign können schräg geschnittene und umgedreht zusammengefügte Cocktailtomaten auch in Herzformen aufgelegt werden.

FÜR DIE SONNENBLUME werden gelbe Paprika und schwarze Oliven verwendet. Die Stängel und Blätter sind aus Lauch. Vor dem Backen dünn mit Olivenöl bepinseln und mit Meersalz bestreuen.

FÜR DEN WEIHNACHTSBAUM werden grüne Gemüsestreifen verwendet, z. B. Spargel, Zucchini oder grüne Paprika. Man beginnt mit den untersten Zweigen und legt die nächsten nach oben hin spitz zulaufend auf. Die Weihnachtskugeln sind aus roten Zwiebeln und oben auf den Baum wird ein gelber Paprikastern gesetzt. Für den Stamm des Baumes wurden Oliven in Ringe geschnitten und aufgelegt.

BLUMEN- & GARTEN-FOCACCIAS

Der typische Focaccia Garden hat natürlich ein Gartenmotiv und hier gibt es unendlich viele Varianten und Ideen. Der Fantasie sind keine Grenzen gesetzt: bunt oder monochrom? Lieber viele kleine oder eine große Blume? Oft richtet sich das Design nach den Zutaten, die man gerade im Kühlschrank hat.

1. Die Focaccia mit öligen Fingern vorsichtig eindrücken.
2. Mit den Kräutern und grünem Gemüse werden die Wiese und die Stängel aufgelegt.
3. Auf den Stängeln werden die bunten Gemüseblüten arrangiert.
4. Den Belag der Focaccia dünn mit Olivenöl bepinseln und mit Meersalz bestreuen.

Bei dieser Garten-Focaccia werden für die Blüten Tomaten, Paprika, Karotten und Zwiebeln verwendet, als Stängel kommen Kräuter, Spargel und Zucchini zum Einsatz.

TIPP

Wer es richtig herzhaft haben möchte, kann auch Käse oder Salami als Belag für die Focaccia verwenden und als Blüten stylen.

DER SCHNEEMANN wird mit weißen Zwiebelscheiben aufgelegt. Damit das Gesicht aus Pfefferkörnern und kleiner Karotte auf den Zwiebeln haftet, ein ganz kleines Bisschen Teig nehmen und unter die Körner und die Karotte legen. Der Hut wird aus einer Gemüsescheibe von z. B. Zucchini oder Brokkoli geschnitten. Ringsum sind Petersilie, kleine Pilze aus Cocktailtomaten und schwarzer Sesam verteilt.

FÜR DIE SCHIRME DER FLIEGENPILZE können rote Paprikastücke verwendet werden, aber auch größere Tomaten oder sogar Salami passen gut. Die Punkte der Pilze werden mit kleinen Stücken Mozzarella aufgelegt, die Stängel sind aus geschälten Zucchini – alternativ aus Blumenkohl oder Lauch. Mit Kräutern, Mozzarella und Sesamsamen wird am Ende die Wiese aufgelegt.

BRIOCHE FLECHTEN & FORMEN

Klassische Flechttechniken, kunstvolle Laibe oder kleine Brötchenformen – Brioche gibt es in vielen verschiedenen Kulturen in den vielfältigsten Arten. Denn Brioche-Teig ist wunderbar elastisch und lässt sich in die unterschiedlichsten Formen bringen.

Bei diesem Teig ist es wichtig, noch vor dem Gestalten der Stränge die abgestochenen Teiglinge rund zu formen: Es sollte jeweils eine kleine Teigmenge in der gewölbten Hand auf der Tischplatte gerollt werden, bis eine fast faltenfreie Kugel entsteht. Die geformten Kugeln sollten dann etwas gehen, damit die Glutenstränge sich entspannen und die Teigkugeln wieder leicht formbar sind. Dann werden sie in die Endform gebracht, wie z. B. lange Stränge zum Flechten.

Um der Brioche etwas mehr Geschmack zu verleihen, kann man sie auch vor dem Backen bestreuen, z. B. mit Hagelzucker oder Zuckerstreuseln in verschiedenen Formen, mit Sesam, gehobelten Mandeln, gehackten Nüsse, Rosinen oder Cranberrys. Nach dem Backen kann sie auch mit getrockneten Blüten bestreut werden – dazu wird die Brioche direkt aus dem Ofen mit einem Stärkekleber (1 TL Maisstärke mit 50 ml kochendem Wasser zu einer Paste vermischt) bestrichen und dann bestreut.

TIPP

Zum Formen der Stränge nur ganz wenig Mehl verwenden, damit die einzelnen Stränge beim Flechten auch gut aneinanderhaften.

BRIOCHE-ZÖPFE

Traditionell wird bei uns Brioche-Teig oft zu Zöpfen geflochten. Die Teigstücke sollten zuerst rund gewirkt werden und dann werden sie zu langen Strängen gerollt. Wichtig ist, dass die Stränge in der Mitte dicker und an den Enden dünner sind, denn dann sieht auch der Brioche-Zopf voll und üppig aus.

1. Alle fünf Stränge an einem Ende etwas zusammendrücken. Strang 1 und Strang 5 überkreuzen, Strang 1 liegt oben.
2. Strang 1 wird somit der neue Strang 3 und Strang 5 wird zum neuen Strang 1.
3. Strang 2 und 3 überkreuzen, Strang 2 liegt oben. Mit denselben Schritten weiterflechten, bis der Zopf fertig ist.
4. Den Zopf leicht zur Seite drehen, mit Milch bepinseln und bestreuen.

FÜR EINEN SCHÖN ÜPPIGEN 3ER-ZOPF sollten die Stränge an den Enden dünner und zur Mitte hin dicker gerollt sein. Der Zopf wird dann locker geflochten und die Enden werden spitz zusammengerollt.

FÜR DEN ZOPFKRANZ werden alle drei Stränge dünn und etwas länger gerollt – hier sollte die Mitte nicht dicker sein. Dann wird der Zopf geflochten, wobei die Enden nicht zusammengedrückt werden. Der geflochtene Zopf wird dann zu einem Kranz gelegt. Die Enden muss man nun wieder etwas aufmachen und die Stränge miteinander verflechten. Schließlich werden die Enden unter dem Kranz versteckt.

TIPP

Mit derselben Technik können je nach Vorliebe die verschiedensten Tiere geformt werden.

BRIOCHE-BRÖTCHEN

Individuelle kleine Brioche-Brötchen wie diese Häschen sehen nicht nur richtig süß aus, sie schmecken auch traumhaft. Gerade zu besonderen Anlässen wie einem Osterbrunch oder Geburtstagsfrühstück sind die kleinen Brioche-Varianten der echte Hingucker.

1

2

3

4

1. Einen länglichen Strang formen und zu einem U biegen. Hinter den Hasenkopf gelegt, bilden sie die Ohren.
2. Den ovalen Körper leicht am Hals flachdrücken und den Kopf mit etwas Wasser darauf befestigen.
3. Den Hasen vor dem Backen mit etwas Milch einstreichen.
4. Nach dem Backen den Hasen noch heiß mit Stärkekleber bestreichen und mit Blüten bestreuen.

Auch für die kleinen Brioche sollten die Teigstücke zuerst rund gewirkt werden. Nachdem die einzelnen Teile aufgegangen sind, können sie mit etwas Wasser zusammengefügt werden.

Die Brioche-Hasen bestehen aus einer kleinen Kugel für den Kopf, einem ovalen Körper und einem langen, dünnen Strang, der u-förmig unter den Kopf gelegt wird.

FÜR DIE BRIOCHE-BÄREN wird die Hälfte des Teiges zu einem flachen Rechteck ausgerollt und mit einem Zimt-Zucker-Buttergemisch oder Nugatcreme bestrichen. Dann das Rechteck aufrollen und die Rolle in 3 cm breite Stücke schneiden. Diese „Schnecken" auflegen, den Kopf, die Ohren, die Arme und die Beine ankleben und alles mit Milch bestreichen.

FÜR EINE EINFACHE VARIANTE DES BRIOCHE-KNOPFES wird ein kleiner 3er-Brioche-Zopf geflochten. Die Enden werden jeweils zusammengedrückt und dann unter die Mitte gefaltet. Vor dem Backen wird der Brioche-Knopf noch mit Milch bestrichen und mit Hagelzucker oder Sesam bestreut.

TIPP

Für eine noch eindrucksvollere Challah können auch acht Stränge verwendet werden. Die Technik ist die gleiche wie mit vier Strängen: Es werden einfach jeweils zwei Stränge zusammengeklebt und verflochten.

BRIOCHE-KUCHEN

Warum sollte Brioche immer als Brot gegessen werden? In Form eines großen Kuchens wird dieses Challah mit passenden Aufstrichen zu einer richtig tollen Süßspeise zum Kaffee, egal ob aus vier oder gleich aus acht Strängen.

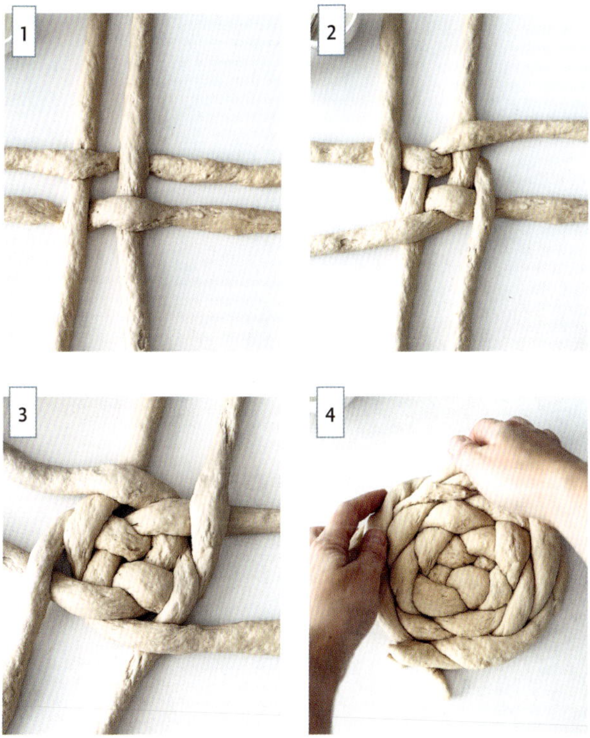

1. Die vier Stränge verwebt auflegen: jeweils zwei parallel und mit den anderen beiden in der Mitte über Kreuz – einer der parallelen Stränge oben und einer unten.

2. Die Stränge werden an den Ecken überkreuzt.

3. In der nächsten Runde werden die Stränge an den Ecken in die andere Richtung überkreuzt.

4. Nach mehreren Runden die Enden unter den Laib legen und alles mit Milch bepinseln.

FÜR DAS DREIKÖNIGSBROT wird aus dem Brioche-Teig eine große Kugel geformt und rundherum werden acht kleine Teigkugeln zu einem Kranz gelegt. Vor dem Backen wird das Brot mit Milch bestrichen und mit Hagelzucker oder gehobelten Mandeln bestreut.

BEI DER BRIOCHE À TÊTE wird der ganze Teig oval geformt. Dann muss man mit einer rollenden Bewegung der Handseite ein Drittel des Ovals fast abteilen: Der Teig sollte noch zusammenhängen, aber die Verbindung sollte dünn sein. In den größeren Teil wird ein Loch gedrückt und der kleinere Teigteil wird von unten durch dieses Loch nach oben gedrückt. Dann wird die Brioche in einer Kuchenform gebacken.

BROTE VERPACKEN

Dekorierte Brote lassen sich natürlich prima verschenken – und zu einem schönen Geschenk gehört die passende Verpackung. Wichtig ist, beim Verpacken ganz vorsichtig vorzugehen, damit die Dekorationen auf der Kruste nicht kaputt gehen.

In Backpapier verpacken

Backpapier hat wahrscheinlich jeder Brotbäcker zu Hause und es eignet sich auch gut als Geschenkpapier. Einfach den Backpapierbogen ordentlich zerknüllen, wieder auffalten und dann das Brot verkehrtherum hineinlegen. Auf der Unterseite des Brotes die Ecken übereinanderlegen und mit einem Band über Kreuz verbinden, aber natürlich so, dass die Schleife auf der Oberseite des Brotes aufliegt.

In Stoff verpacken

Die japanische Tradition, Geschenke in Stofftücher zu verpacken, eignet sich auch sehr gut für dekorierte Brote, da der weiche Stoff die Kruste nicht verletzt: ein großes, viereckiges Stück Stoff an zwei Ecken einfalten. Den Brotlaib darauflegen und die anderen beiden Ecken des Stoffes über dem Laib mit einem Band zusammenbinden – sie können als Tragegriff verwendet werden. Im Sinne von Zero Waste können Küchentücher zum Verpacken verwendet werden, die der Empfänger dann einfach weiterverwendet.

SERVICE

Dank

Ein großes Dankeschön an alle, die geholfen haben, die vielen Brote, die für dieses Buch gebacken wurden, auch aufzuessen.

Zur Autorin

Nachdem sich Annina Pargfrieder viele Jahre dem Tortendekorieren widmete, entdeckte sie ihre Liebe für wunderschöne Brote. 2020 gewann sie den Austrian Food Blog Award in der Kategorie Brotbacken für ihren Blog „Backabenteuer". Außerdem bietet sie Kurse zur Brotkunst an und führt einen eigenen Shop mit Backzubehör.

Homepage:
www.backabenteuer.at

Instagram:
www.instagram.com/backabenteuer/

Nützliche Webseiten

- Noch ein Brotkunst-Blog: **breadjourney.com**
- Hobby-Bäcker-Zubehör: **www.hobbybaecker.de**
- Spezielle Mehle: **bongu.de**

Zum Weiterlesen

- Dinkel, Susanne: I like my Sauerteig. Wissen, Rezepte und Geheimnisse zum Brotbacken. Verlag Eugen Ulmer 2024.
- Fazis, Birgit: Brot & Honig: Rezepte für ein gutes Leben. Jan Thorbecke Verlag 2021.
- Höller, Anke: Mein kleines Kräutercafé für zu Hause. Wohlfühlrezepte mit Wildkräutern für Frühstück, Snacks und Kaffeeklatsch. Verlag Eugen Ulmer 2022.
- Loidl, Matthias: Brot backen mit den Jahreszeiten. Über 80 Rezepte mit saisonalen Zutaten aus Garten und Natur. Verlag Eugen Ulmer 2021.
- Schell, Valesa: Brot sucht Aufstrich. 60 Rezepte für herzhafte und süße Aufstriche. Verlag Eugen Ulmer 2023.
- Traub, Katharina: Brot – Die Kunst des Backens: Aufregende Aromen für unvergesslichen Genuss. Edition Michael Fischer 2023.

Bildnachweise:
Alle Fotos, auch das Coverfoto, stammen von der Autorin Annina Pargfrieder.

IMPRESSUM

Die in diesem Buch enthaltenen Empfehlungen und Angaben sind von der Autorin mit größter Sorgfalt zusammengestellt und geprüft worden. Eine Garantie für die Richtigkeit der Angaben kann aber nicht gegeben werden. Autorin und Verlag übernehmen keine Haftung für Schäden und Unfälle. Bitte setzen Sie bei der Anwendung der in diesem Buch enthaltenen Empfehlungen Ihr persönliches Urteilsvermögen ein.

Der Verlag Eugen Ulmer ist nicht verantwortlich für die Inhalte der im Buch genannten Websites.

Anmerkung zur Schreibweise (Gendering): Gendergerechtigkeit und Inklusion sind bei uns gelebte Praxis – bei der Auswahl unserer Themen, bei der Recherchearbeit, in der Gestaltung. Unsere Texte meinen alle. Damit unsere Inhalte jedoch gut lesbar bleiben, verzichten wir in diesem Werk auf die jeweilige Mehrfachnennung oder Anpassung der Schreibweise bestimmter Bezeichnungen an die weibliche, männliche oder diverse Form.

Bibliografische Information der Deutschen Nationalbibliothek

Die Deutsche Nationalbibliothek verzeichnet diese Publikation in der Deutschen Nationalbibliografie; detaillierte bibliografische Daten sind im Internet über http://dnb.d-nb.de abrufbar.

Wollgrasweg 41, 70599 Stuttgart (Hohenheim)
E-Mail: info@ulmer.de
Internet: www.ulmer.de
Konzept und Projektleitung: Jennifer Zajonz
Lektorat: Melanie Kattanek
Produktionsmanagement: Stephanie Haun
Umschlaggestaltung: Anette Vogt, www.redsign.de, Stuttgart
Gestaltung und Satz: Susanne Junker, www.redsign.de, Stuttgart
Reproduktion: time:ray, Jettingen
Druck und Bindung: FINIDR
Printed in Czech Republic

ISBN 978-3-8186-2370-8

FSC www.fsc.org MIX Papier aus verantwortungsvollen Quellen FSC® C014138

Danke
Schön